AF218980

ConnectDoor –

Zugang zu inneren Dimensionen

Seit Adam und Eva ist der Wurm drin!

Inge Friedrich
Bernd Laudenbach

Bibliografische Information der Deutschen Nationalbibliothek. Die Deutsche Nationalbibliothek verzeichnet diese Publikation in der Deutschen Nationalbibliografie, detaillierte bibliografische Daten sind im Internet über http://dnb.dnb.de abrufbar.

Herstellung und Verlag

BoD – Books on Demand, Norderstedt

ISBN 978 3753457659

Diese Informationen sind für Menschen,

- die bereit sind, Eigenverantwortung für Gesundheit, Fühlen, Denken und Handeln zu übernehmen,
- die Verbindungen zu inneren Realitäten und inneren Ursprüngen ihres Selbst hervorrufen möchten,
- die an Maßnahmen gegen die Versklavung des menschlichen Bewusstseins interessiert sind,
- die neugierig darauf sind, Unbekanntes für sich bekannt zu machen,
- die für sich selbst entscheiden wollen, welche Optionen für sie von Vorteil sind.

Inhaltsverzeichnis

Vorwort

In diesem Taschenbuch beleuchte ich ein ganz ekliges Thema. Es ist aber ein sehr wichtiges Thema! Mülldeponie Mensch!

Der Mensch hat ein reichhaltiges Innenleben. Die meisten Menschen sind betroffen und wissen es noch nicht einmal.

Schmarotzer sind Lebewesen, die aus dem Zusammenleben mit ihrem Wirt einseitig Nutzen ziehen, ihn zu Fortpflanzungszwecken befallen, den Wirt schädigen und Krankheiten hervorrufen, indem sie Organfunktionen beeinträchtigen, Zellen zerstören und ihm Nährstoffe entziehen.

Robin Kaiser sagt: „Ein Parasit besetzt einen Wirt, den er energetisch ausnimmt. Ein Miteinander ist ein symbiotisches Geben und Nehmen, das parasitäre Prinzip ist ein aussaugendes, ein nehmendes Prinzip, ohne etwas zurückzugeben und auch meistens ohne zu fragen, ob es sich das und das nehmen kann."

Diese Parasiten können überall im Körper sein, ob im Darm, in der Leber, in Galle, in der Bauchspeicheldrüse, im Magen, in der Lunge, im Herzen, im Urogenitaltrakt. Sogar im Blut findet man Parasiten. Es gibt auch im Gehirn solche Lebewesen. Die Größe dieser Schmarotzer ist unterschiedlich.

Die Übertragung der Parasiten kann auf vielfältigen Wegen geschehen. So kann der Mensch sich über Nahrungsmittel wie Fisch, Fleisch, Gemüse infizieren, über das Trinkwasser, durch Haustiere, durch Insektenstiche oder auch von Mensch zu Mensch.

Zahlreiche Krankheiten lassen sich einem Parasitenbefall zuschreiben. Sie manipulieren unser Immunsystem, sie können sogar das menschliche Verhalten verändern. Sie fördern Stress, Angstzustände, Depressionen und viele andere emotionale Zustände. Wenn der Mensch sich fremdgesteuert fühlt, können Parasiten die Ursache sein.

Parasiten sind wie Müllmänner, sie nehmen Toxine auf, die die Zellen schädigen, sie nehmen Schwermetalle auf, die im Körper Schaden anrichten.

Über Parasiten sind viele Bücher geschrieben worden, es ist viel in Videos zu sehen, Parasitenkuren runden das Angebot ab. Ich gehe hier nicht auf den allgemeinen Wissenstand ein, darüber kann sich jeder selber schlau machen und recherchieren.

In dem Buch „Alien Interview" vom Lawrence R. Spencer gibt Airl, die Außeridische, einen Hinweis auf den Ursprung der Parasiten. Vor vielen Milliarden Jahren gab es biologische Forschungsstätten, die die riesige Vielfalt von Lebensformen erschufen. Spezialisierte Fachberater von beinahe jeder biologischen Gesellschaft wurden herangezogen, um bei diesem Projekt zu helfen. "Bugs & Blossoms" hatte eine Abteilung, die Parasiten und Bakterien erschuf. Sie wollten den Umstand, dass sie parasitäre Geschöpfe produzierten, damit rechtfertigen, dass deren einziger, gültiger Zweck eine Hilfestellung bei der Zersetzung von biologischem Material war.
Es ist sehr interessant, diese Sache weiter zu verfolgen.

Wie gehen wir bei COBIMAX mit diesen dämonischen Lebewesen um?

COBIMAX nenne ich gerne die „Rumpelstilzchen-Methode", da wir nur den Namen des Schmarotzers wissen müssen, um ihn zu eliminieren. Des weiteren benennen wir die Lokalisation, die Gifte, die er produziert und eventuelle Schadstoffe, die er zum Überleben nutzt, um auch hier Korrekturen wirken zu lassen.

Viren und Bakterien, die sich in den Würmern verstecken, müssen wir gesondert angehen und diese mit ihren Hinterlassenschaften eliminieren.

Die Bilder in diesem Taschenbuch sind nicht identisch mit den realen Wurmsorten, da sonst der Ekel beim Anschauen mit Sicherheit hochkommt. Lustige Zeichnungen sind da wohl eher geeignet den Schriftsatz etwas aufzulockern.

Ein herzliches Dankeschön an Silvana Grira, die uns bei der Recherche tatkräftig unterstützte und auch so manchen Hinweis gegeben hat.

Cen-Tooh, der Therapeut

In den anderen ConnectDoor- Büchern habe ich ausführlich erklärt, wie und warum COBIMAX, die Communikations- Biologische Matrix, funktioniert und was alles damit machbar ist.

Ihr bekommt auch Zugang zu Eurem eigenen Kleinhirn über mein Universum www.connectdoor.de. Wenn ich meinen Zauberstern bei „Freie Themenwahl" in der Hand halte, habt Ihr die Möglichkeit, alles anzusprechen, mit einfachen Worten, welcher Zustand verbessert werden sollte oder Ihr lest Satz für Satz die vorgeschlagenen COBIMAX-Programme.

Euer Kleinhirnbewusstsein weiß alles und weiß auch, was verbesserungswürdig ist. Auch wenn ein ausgebildeter COBIMAX- Anwender dem Kleinhirn etwas vorschlägt, prüft dieses ganz genau, ob es der Verbesserung dient oder ob es keinen Nutzen hätte. Es verschwendet keine Energie. Es geht diejenigen Probleme an, welche verbessert werden können.

Hinweis:
Es sei hier darauf hingewiesen, dass auf der Erde diese Methode für den medizinischen Laien weder Arzt noch Heilpraktiker ersetzt, und dass sie niemals zum Absetzen von Medikamenten auffordert.

Reaktionen beim Arbeiten mit COBIMAX

So einzigartig und individuell jeder Mensch ist, können je nach den Problemen vielfältige Reaktionen auftreten. Angefangen bei starker Müdigkeit bis hin zu mehrminütigem Tiefschlaf, häufiges und tiefes Gähnen, Ameisenkribbeln bis völlige Taubheitsgefühle einzelner Gliedmaßen, Blähgefühle im Bauchbereich, Wärme, Kälte, Schwindel, Kopfschmerzen, Migräne, völlige Schwere bis hin zu einem nicht mehr Anheben-Können einzelner Gliedmaßen. Organe können stark spürbar werden. Enge oder Kloßgefühl im Hals, ganze Wirbelsäulenabschnitte machen sich bemerkbar, deutliche Reaktionen im Herzbereich, Schwere und Enge in der Brust oder erschwertes Atmen bis hin zu Atemnot. Anvisierte Gefühle können in aller Deutlichkeit erlebt werden.

Die Skala der möglichen Reaktionen ist nach oben offen. Dies soll den Menschen nicht erschrecken, sondern nur darauf hinweisen, dass Stärke und Lokalisation der eintreffenden Reaktionen nicht immer den Erwartungen des Wachbewusstseins entsprechen.

Diese Reaktionen sind nach kurzer Zeit wieder verschwunden.

Beim Arbeiten mit COBIMAX ist es unbedingt erforderlich, die reagierenden Sätze oder Worte täglich einmal zu wiederholen, bis keine Reaktion mehr vorhanden ist.

connectdoor

Wichtiger Hinweis!!!

Wenn der Mensch glaubt, durch einfaches Durchlesen der COBIMAX-Programme wäre die Korrektur schon angestoßen, muss ich ihn enttäuschen: Hier arbeitet das Gehirn nur in einem Frequenzbereich von etwa maximal 40 Hertz. Um aber Erreger zu eliminieren, benötigen wir eine Frequenz von etwa 3 Petahertz, das ist eine 3 mit 15 Nullen, also 3000000000000000 Hertz.
Wie kommen wir dort hin?
Durch Anschluss an Dynamische Intelligenz. Das bedeutet, dass unser Großhirn wieder Verbindung bekommt zu unserem Kleinhirn und unsere Gedanken auf 3 Petaherz bringen kann und so gelingt es uns, Zugriff auf die Frequenzen der Erreger zu nehmen.

Im Taschenbuch: „ConnectDoor – Zugang zur nächsten Dimension, Rund um Bakterien, Viren und Co." ist dies ausführlich beschrieben.

Jeder COBIMAX-Ausgebildete hat die Möglichkeit, über sein eigenes Kleinhirn Dynamische Intelligenz bei sich selbst oder bei jedem anderen Menschen anzuwenden, sogar bei Tieren oder Pflanzen.

Außerdem ist im Internet die Seite www.connectdoor.de so gestaltet, dass bei Druck auf die Knollennase von Cen-Tooh diese Verbindung kurzzeitig aufgebaut wird. Dort kann also jeder Mensch selbständig die Programme effektiv durcharbeiten.

Beim Arbeiten mit einem Tier ist eine sogenannte Synchronisation wichtig. Hierbei kann der Mensch die Reaktionen des Tieres spüren und so feststellen, was dem Tier fehlt, welche Parasitensorte es hat, wo sich die Parasiten aufhalten und vieles mehr.

Synchronisation mit einem Tier

Eingabe durch den Therapeuten:
„Ich (Name des Tierhalters oder der Person, die spüren möchte) synchronisiere meinen emotional – physischen Körper mit dem emotional – physischen Körper meines z.B. Hundes (Name des Hundes), um so die Behandlungsreaktionen von (Name des Therapeuten) COBIMAX-Therapie auf meinen z.B. Hund (Name des Hundes) in meinem eigenen Körper synchron spüren zu können."

COBIMAX-Ausgebildeter oder www.connectdoor.de - Nutzer kann die Position des spürenden Tierhalters und gleichzeitig des Therapeuten einnehmen.
Mindestens 3 Min. abwarten

Abfragenbeispiel:
Art und Name des Tieres: Einzelne Programmpunkte

Zum Schluss der Behandlung: Desynchronisation
COBIMAX-Synchronisations - Reset von …. (Name des Spürenden) mit….(Name des Tieres))
um den Körper wieder in den Zustand vor der Synchronisation zu versetzen.

Wer keine Ausbildung zum COBIMAX- Berater oder – Therapeuten hat, kann für 19,90 € monatlich auf www.connectdoor.de den kleinen Zauberer Cen-Tooh nutzen. Bei der „Freien Themenwahl" können alle Sätze nach und nach ausgesprochen werden. Auf eigene Reaktionen und auch auf Reaktionen des Tieres achten.

Das Wichtigste im Darm:
Biofilm –Schleimschicht des Darms

In dieser Schleimschicht leben Bakterien, Viren, Pilze, Würmer und andere Parasiten zusammen wie in einer großen Familie. Parasiten legen ihre Eier darin ab. Der Schleim wird von dieser Erregerfamilie selbst gebildet. Sie kommunizieren miteinander und organisieren sich so.
Diese Schleimschicht ist fest mit der Darmwand verbunden, somit können die darin lebenden Erreger nicht aus dem Darm gespült oder ausgeschieden werden. Auch werden sie geschützt gegen Angriffe des Immunsystems oder gegen Medikamente.

Wikipedia schreibt: Der Biofilm bietet dem einzelnen Mikrolebewesen darin einen ausgezeichneten Schutz und ermöglicht ihm, sich auf veränderte Umweltbedingungen einzustellen: So steigt die Toleranz gegenüber extremen pH- und Temperatur-Schwankungen, Schadstoffen (z. B. Bakteriziden), aber auch UV- und Röntgenstrahlung sowie Nahrungsmangel…
… Die Matrix bietet mechanische Stabilität und erlaubt es den Biofilm-Organismen, langfristige synergistische Wechselwirkungen aufzubauen, Hungerperioden zu überstehen und verhindert das Abschwemmen extrazellulärer Enzyme…
… Es werden einige Gene durch den Oberflächenkontakt an- und andere abgeschaltet. Durch spezielle Signalmoleküle können sie sich untereinander verständigen und gegenseitig weitere Gene an- und abschalten. Ihr genetisches Repertoire erweitern sie durch horizontalen Gentransfer, indem sie mit Nachbarzellen Gene austauschen…
… Dadurch ist eine flexible, leistungsfähige und universelle Lebensform entstanden, die durchaus mit multizellulären Organismen verglichen wird…

Der Biofilm ist also wie ein Lebewesen, was aus sich heraus handelt. Er muss somit vollständig ausgeleitet oder eliminiert werden, sonst ist eine Maßnahme gegen Parasiten nutzlos.

COBIMAX-Abfragen: per www.connectdoor.de auf „Freie Themenwahl" oder mit einem COBIMAX-Therapeuten

1. Eliminierung und Ausleitung sämtlicher Biofilme in meinem Darm
2. Induktionsphase Biofilm
3. Akkumulationsphase Biofilm
4. Existenzphase Biofilm
5. Durch Biofilm freigesetzte Bakterien
6. Durch Biofilm freigesetzte Viren
7. Durch Biofilm freigesetzte Pilze
8. Durch Biofilm freigesetzte Würmer
9. Durch Biofilm freigesetzte Parasiten
10. Durch Biofilm freigesetzte Einzeller
11. Durch Biofilm freigesetzte Toxine
Folgende Kur kann per COBIMAX erfragt werden oder auch physisch eingenommen werden:
12. *Okrapulver und Ölpalmfaserpulver:* **Darm Detox Biofilm-Kur von Vitamunda**, *um den Biofilm auszuleiten.*
13. Durch Würmer freigesetzte Bakterien
14. Durch Würmer freigesetzte Viren
15. Durch Würmer freigesetzte Pilze
16. Durch Würmer freigesetzte Toxine
17. Durch Würmer freigesetzte Schwermetalle
18. Omnihelikal zentrale Röhren Elektronen differenziertes **Bactefort** (*Mittel gegen Würmer*)

Symptome einer parasitären Infektion

Schlechter Atem;
Allergien (Hautausschlag, wässrige Augen, laufende Nase);
Hautausschläge und Rötungen auf der Haut;
Häufige Erkältungen, Halsschmerzen, Verstopfung der Nase;
Chronische Müdigkeit;
Häufige Kopfschmerzen;
Verstopfung oder Durchfall;
Schmerzen in Gelenken und Muskeln;
Nervosität, Schlaflosigkeit und Appetitstörungen;
Dunkle Kreise, Taschen unter den Augen.

Wenn mindestens eines der Symptome beobachtet wird, dann gibt es eine 99% ige Wahrscheinlichkeit, dass sich Parasiten im Körper befinden.

COBIMAX-Programmbeispiel

Leberegel, großer

1. Fasciolose
2. Fasciola hepatica
3. Fasciola hepatica Eier in meinem Gallengangsystem
4. Mirazidien – Wimpernlarven
5. Sporozysten
6. Muttersporozysten
7. Tochtersporozysten
8. Redien
9. Tochterredien
10. Zerkarien
11. Metazerkarien exzystieren in meinem Dünndarm und durchdringen meine Dünndarmwand
12. Fasciola hepatica Larven
13. Fasciola hepatica Larven durchdringen meine Leberkapsel
14. Fasciola hepatica in meinem Leberparenchym
15. Fasciola hepatica Fäkalien und Fäkaliengase
16. Fasciola hepatica Kadaverneurin und Kadaverneuringase
17. Fasciola hepatica Gehirnkarte
18. Fasciola hepatica Gehirnkartenprogramm

Fasciolopsis buski, Riesendarmegel, wie oben Nr. 3-18, hier wird nur der Name ausgetauscht.

Gehirnkarten

Im Gehirn werden Informationen in sogenannten Gehirnkarten abgelegt. Diese Gehirnkarten sind Speicher für Informationen beispielsweise zum Sprachverständnis, motorischer Steuerung, Emotionen, Gedächtnis, Hormonsteuerung, Steuerung von einzelnen Organen usw. Gehirnkarten können sich vernetzen, verschmelzen, von außen besetzt oder implantiert oder auch selbst bewusst angelegt werden.

Von außen besetzte oder implantierte Gehirnkarten sind von Erregern oder Wesenheiten gebildete Gehirnkarten, z.B. von Borrelien, Bornaviren, Toxoplasma gondii, Herpesviren u.a.
So sollten wir immer als COBIMAX-Abfrage benennen:
Autonome *Borrelien*-Gehirnkarte (*Toxoplasma gondii-Gehirnkarte* u.a.)
Autonomes *Borrelien*-Gehirnkarten-Programm (u.a.)
Borrelien-Symptome-Gehirnkarten-Programm (u.a.)

Wenn eine Parasitensorte lange Zeit im Körper verbringt, dann denkt das Gehirn, dass diese Parasiten zum Körper gehören, wie ein Arm oder Bein, und es schaltet diesen Erregern eine eigene Gehirnkarte.
Als Programm laufen dort z.B. Symptome oder ganze Krankheitsbilder ab.

Wenn wir über COBIMAX die Erreger benannt haben und auch die Symptome und das betroffene Organ korrigiert haben, dürfen wir die entsprechenden Gehirnkarten nicht vergessen, weil sonst eventuell ein sogenanntes Memory-Programm wieder eingeschaltet wird.
Weiteres findet Ihr in unserem Taschenbuch: „ConnectDoor – Zugang zu einer weiteren Dimension, Stress minimieren – Erfolg maximieren."
Hier sind auch zahlreiche Abfrage-Sätze geschrieben, die den Stress reduzieren. Stress ist nämlich ein Faktor, den Parasiten gerne hervorrufen.

Toxoplasma gondii

Dieter Broers hat in seinem Buch „Der verratene Himmel" Bezug genommen auf Toxoplasma gondii. Er beschreibt diesen einzelligen Mini-Parasiten als sehr gefährlich.

Die Wissenschaft hat herausgefunden, dass Toxoplasma gondii hauptsächlich von Katzen auf den Menschen übertragen wird und dort sogar ins Gehirn vordringen kann.

Eine traditionelle Wurmkur hilft gegen Toxoplasma gondii nicht!

Toxoplasmose

Kann Schizophrenie, Parkinson, ADS, ADHS usw. hervorrufen.

Hier einige COBIMAX-Abfragen zum Arbeiten mit Cen-Tooh auf www.connectdoor.de:

1. Toxoplasma gondii-Infektion in der Vergangenheit
2. Toxoplasma gondii
3. Toxoplasma gondii Fäkalien und Fäkaliengase
4. Toxoplasma gondii Kadaverneurin und Kadaverneuringase
5. In Zysten eingekapselte Toxoplasma gondii
6. Toxoplasma gondii intrazellulär
7. Toxoplasma gondii Bluthirnschranke passierend
8. Toxoplasma gondii in meinem Magen //andere Organe
9. Toxoplasma gondii Antigen
10. Toxoplasma gondii chromosomale Störung/ DNS-Störung / RNA-Störung
11. Emotionen und Krankheiten meiner Mutter-Toxoplasmose /-Toxoplasma gondii
12. „Eigener Name" Toxoplasma gondii
13. Ich liebe Toxoplasma gondii
14. Ich liebe meine Toxoplasma gondii-geistige Umnachtung.
15. Ich verbinde mich mit dem Toxoplasma gondii - Bewusstsein und lerne, was ich noch nie gelernt habe.
16. Toxoplasma gondii Gehirnkarte und pathologisches Gehirnkartenprogramm
17. Toxoplasma gondii Architekt
18. Toxoplasma gondii verursachte pathologisch erhöhte Dopamin-Produktion und – Freisetzung
19. pathologisch erhöhte Dopamin-Produktion und – Freisetzung durch Enzym Tyrosinhydroxylase
20. mutiertes Tyrosinhydroxylase-Gen
21. Tyrosinhydroxylase-Antigen
22. Dopamin-Vesikel

23. Dopamin-Rezeptor D1, D2, D3, D4, D5
24. Tyrosin $\rightarrow$ Tyrosinhydroxylase $\rightarrow$ Levodopa $\rightarrow$ Decarboxylase $\rightarrow$ Dopamin, Adrenalin
25. Syrische Steppenraute
26. Harmalin
27. Monoaminooxydase / - hemmer (weiteres siehe Wikipedia)
28. Ich befehle meinem Heiligen Geist, meine Dopamin-Produktion und -Freisetzung auf ein physiologisch gesundes Maß zu bringen.
29. Dasjenige neue informatorische Peptid und relevante Rezeptoren, das die pathologischen Folgen von Toxoplasmose heilt.

Fuchsbandwurm

Fuchsbandwurm-Eier können im Hundefell, Katzenfell festsitzen und so vom Menschen eingeatmet oder geschluckt werden. Die Larven gelangen in Leber oder andere Organe und entwickeln sich zu Finnen. Ein ausgewachsener Fuchsbandwurm kommt im Menschen nicht vor, weil der Mensch kein Endwirt ist.

COBIMAX-Abfragen:

1. Fuchsbandwurm
2. Fuchsbandwurm Oncosphären
3. Fuchsbandwurm -Eier
4. Fuchsbandwurm 6-Haken-Larven
5. Fuchsbandwurm Hydatiden-Larven
6. Fuchsbandwurm Metacestoden
7. Fuchsbandwurm Finnen
8. Fuchsbandwurm-Larven in meiner Lunge
9. Fuchsbandwurm-Larven in meiner Leber
10. Fuchsbandwurm-Larven in meinem Herzen
11. Fuchsbandwurm-Larven in meiner Milz
12. Fuchsbandwurm-Larven in meinem Dünndarm
13. Fuchsbandwurm- Fäkalien und Fäkaliengase
14. Fuchsbandwurm- Kadaverneurin und Kadaverneurin-gase
15. Fuchsbandwurm- Gehirnkarte und Gehirnkartenprogramm
16. Fuchsbandwurm-Energie-Wellenechos
17. Fuchsbandwurm-Informations-Wellenechos
18. Parasitenkur nach Alex Green

Andere Wurmsorten

Die häufigste Erkrankung bei kleinen Kindern ist der Befall mit Madenwürmern.

COBIMAX-Eingaben-Beispiel:

Madenwürmer

1. Madenwurm-Eier in meinem Magen
2. Madenwurm-Larven in meinem Zwölffingerdarm
3. Madenwurm-Larven rund um meinen Blinddarm
4. Geschlechtsreife Madenwürmer
5. Madenwürmer-Fäkalien und Fäkaliengase
6. Madenwürmer-Männchen Kadaverneurin und Kadaverneuringase
7. Madenwurm-Eier in meinen Anusfalten
8. Madenwürmer-Weibchen Kadaverneurin und Kadaverneuringase
9. Kaulquappenförmiges Embryo
10. Zweites Madenwürmer-Larvenstadium
11. Selbstinfektion
12. Madenwürmer-Gehirnkarte und Madenwürmer-Gehirnkartenprogramm

Spulwürmer

1. Spulwurm- Eier in meinem Magen
2. Spulwurm-Larve in meinem Dünndarm
3. Spulwurm-Larve bohrt sich durch meine Darmwand.
4. Mit dem Blutstrom wandert Spulwurm-Larve zur Leber
5. L3-Larve gelangt über die untere Hohlvene zum Herzen
6. L3-Larve gelangt über die Lungenarterien in das Kapillarnetz und die Lungenbläschen
7. L3-Larve bricht durch die Wand des Blutgefäßes in den Luftraum der Alveolen.
8. L4-Larve gelangt unterstützt vom Flimmerepithel über Bronchiolen, Bronchien und Luftröhre zum Kehlkopf.
9. Spulwurm in meinem Dünndarm
10. Spulwurm-Fäkalien und Fäkaliengase
11. Spulwurm-Kadaverneurin und Kadaverneuringase
12. Spulwürmer-Gehirnkarte und -Gehirnkartenprogramm

Die Internetseite www.volkskrankheit-parasiten.org hat einen kostenfreien Parasitentest anzubieten, bei dem jeder herausfinden kann, welche Wurmsorte in seinem Körper zu finden ist.

Auf der anzuklickenden Seite sind auch einige Krankheiten aufgelistet, welche durch Parasiten hervorgerufen werden können. Ansonsten bietet diese Seite eine Vielzahl an Informationen rund um Parasiten. Es lohnt sich, sie zu studieren.

Wir sind Bestandteil der Natur, leben aber in einer toxischen Umwelt. Leber, Nieren, Darm und Haut sind Entgiftungsorgane für Stoffwechsel-Endprodukte. Es gibt über 80.000 Umweltgifte, mit denen wir auch noch umgehen müssen.

Eine Zahnsanierung ist auch angesagt, wenn Amalgam/Quecksilber vorhanden ist.

Ganz wichtig ist eine optimale Versorgung mit Mikro-Nährstoffen und Spurenelementen.
Hierzu ist es empfehlenswert auf www.connectdoor.de Level F – Mineralien und Level H – Vitamine durchzugehen und somit sowohl die passenden Zellrezeptoren als auch die Zufuhr zu optimieren.

Dies ist eine kostengünstige Variante, sich mit den wichtigen Nährstoffen zu versorgen.

Gifte können wir vermeiden, indem wir frische Produkte zu uns nehmen, wie z.B. unverpackt aus Bioqualität oder aus Weidehaltung.

Elektromagnetische Felder sind ein weiterer Störfaktor. Mit Hilfe des Level I in connectdoor.de, Elektrosmog, können wir diese Belastung minimieren.

Diese Felder interagieren mit Schwermetallen, die wir ebenfalls in unserem Organismus haben. Parasiten mögen Schwermetalle. Wenn Würmer abgetötet werden, werden Schwermetalle frei und vergiften unseren Körper. Also müssen wir auch gleichzeitig die Schwermetalle ausleiten. Wir brauchen auf dem Level „Freie Themenwahl" die Schwermetalle nur einzeln zu benennen, um sie zu eliminieren.
Auch unsere Vorfahren, die Altvorderen, unterlagen parasitären Einflüssen und können schon eine Schwermetallvergiftung an uns weitergegeben haben.

Stress ist ein weiterer Faktor, der unsere Gesundheit schädigt. Hier haben wir in connectdoor.de das Level D – Stressbewältigung bereitgestellt.

Es sollte kein Aufwand zu hoch sein, die Parasiten-bekämpfung anzugehen und somit Gesundheit wieder herzustellen.

Parasiten sind überall. Der einzige Schutz ist ein starkes Immunsystem, eine gute Sauerstoffversorgung des Körpers und ein basisches Milieu.

Mentale Parasiten

Der Mensch kann auch von nicht-körperlichen Parasiten befallen sein, die Störungen im Essverhalten, emotionale Ausbrüche und sogar schwere Erkrankungen auslösen können. So wie der Pilz Candida albicans z.B. Verlangen nach Zucker auslöst, kann ein mentaler Parasit ebenfalls zwanghaftes Verlangen nach Süßigkeiten oder Heißhunger auf andere Speisen hervorrufen.

Diese Wesenheiten nimmt der Mensch meistens als etwas wahr, was nicht zu ihm gehört.

Robin Kaiser sagt: „Das parasitäre Prinzip, das wir mehr oder weniger auf die Erde eingeladen haben für eine gewisse Erfahrung (Trennungserfahrung, 3-D-Erfahrung) haben die Menschen gelernt. Die letzten 26 Tausend Jahre hatten eine Wichtigkeit, dass es da war. Jetzt ist die Zeit von diesem parasitären Prinzip vorbei.

Wenn Menschen in den Gefühlen der Angst sind, sind sie zunehmend Andockstationen für mentale Parasiten, astrale Wesen, die sich von diesen negativen Energien ernähren. Der Mensch selbst bietet durch seine destruktive Emotionalität die Lebensgrundlage für parasitäre Wesenheiten.

Die Parasiten beeinflussen das Bewusstsein ihrer Wirte so, dass sich die Wirte entgegen ihrer eigentlichen Interessen verhalten.

Der Mensch ist durch dieses Prinzip in eine selbstverfremdete Wahrnehmung gekommen. Er nimmt sich nicht mehr so wahr, wie er ursprünglich auf der Erde gelebt hat. Er führt einen Willen aus, der nicht sein eigener ist. Er ist Gefängniswärter und Gefangener zugleich. Er sollte die eigenen Entscheidungen der Selbstverantwortung übernehmen."

Ich kenne keine Medikamente oder andere Mittel, die gegen mentale Parasiten wirksam sind.

Hier ist zum einen die Willensstärke und das energische Vorgehen gegen diese Schmarotzer in Form von vehementen sprachlichen Sätzen das effektivste Mittel, diese zu entfernen: „Du mentaler Parasit verlässt sofort meinen Körper!!!"

Desweiteren können wir mit COBIMAX-Eingaben solche mentalen Wesenheiten eliminieren mit Hilfe der Kleinhirn-gesteuerten Befehle:

1. Mein physischer und emotional-genetischer Körper wird von mentalen Parasiten missbraucht.

2. Durch den Missbrauch mentaler Parasiten erzeugte Antigene / Antikörper / genetische Defekte.

3. Durch mentale Parasiten kontaminierte, informierte komplexe Krankheitsbilder / Symptome.

4. Durch mentale Parasiten übertragene komplexe genetische Signaturen / emotionale Muster.

5. Beschleunigte Telomerverkürzung und beschleunigte Alterungsprozesse durch mentale Parasiten.

6. Dasjenige neue Informative Peptid mit relevanten Rezeptoren, welches jegliche Schädigung durch mentale Parasiten repariert.

7. Ich verriegele meinen emotional-genetischen Körper dauerhaft vor dem Zugriff jeglicher mentaler Parasiten.

Diese Befehle sind mit einem COBIMAX-Therapeuten oder über www.connectdoor.de auf „Freie Themenwahl" einfach zu bearbeiten. Eventuelle Reaktionen zeigen bereits die

Korrekturmaßnahmen an.
Im Taschenbuch „ConnectDoor – Zugang zur nächsten Dimension, Rund um Bakterien, Viren und Co." ist am Beispiel von Streptokokken genau beschrieben, wie und was COBIMAX mit den unliebsamen Besuchern macht.

Emotionale Ausbrüche sind genau zu beobachten, wahrzunehmen und mit Hilfe von COBIMAX zu benennen.
Hierzu gibt es den sogenannten „Gefühlsring", der alle Teile der wahrgenommenen Emotion verfolgt, wo und wie sie schädigt und dies alles korrigiert.

Gefühlsring

1. Neokortexiale „Ärger" Disconnection von Menschen, Dingen, Zeiten, Orten und Ereignissen
2. Durch „Ärger"-Gefühlshormon modifizierte Zellrezeptoren
3. Durch „Ärger"-Gefühlshormon ernährte und gestresste Zellen
4. „Ärger"-Messenger-Peptid (-Balrogs)
5. Dasjenige neue informative Peptid mit relevanten Rezeptoren, welches jegliche „Ärger"-Zellschäden und „Ärger"-genetische Schäden repariert
6. „Ärger" frequenzmoduliert mit einem „konstruktiven" Gefühl
7. Okkulter „Ärger", durch okkulten "Ärger" modifizierte Massenträgheit
8. Ich liebe meinen „Ärger"
9. Ich befehle meiner Seele/ meinem Heiligen Geist mir nächtlich rückwärts in meine Neuronen zu feuern, meinen „Ärger" zur Weisheit gebracht zu haben.
10. Durch „Ärger"-Gefühlshormon verkürzte Telomere

„Ärger" kann mit jeglicher anderen Emotion oder Gefühl z.B. Wut; Stress; Schmerz; Sorge etc. ausgetauscht werden.

Die COBIMAX-Sätze muten mitunter etwas befremdlich an, haben aber einen direkten Bezug zum Thema.
Die Worte oder Satzbilder haben einen technisch-biologischen Hintergrund und dienen primär dem Unterbewusstsein.

Die Macht der Parasiten

Russische Forscher fanden heraus, dass die Gedanken und damit die Verhaltensweisen des Menschen unter Einfluss von Parasiten vollkommen anders sein können. Deswegen sprechen wir von einer Fremdsteuerung.

Der Umbau von Synapsen im Gehirn löst Verhaltensveränderungen beim Menschen aus. Es gibt einige Parasitengattungen im Menschen, die in der Lage sind, das Nervensystem zu beeinflussen und damit auf das menschliche Verhalten einzuwirken. Sie können Dir auch Zweifel einflüstern und Dich dazu bringen, keine Maßnahmen gegen sie auszuüben.

Parasiten sind in der Lage, die Ausschüttung des Hormon Dopamins zu beeinflussen und für ihre Zwecke einzusetzen. Wenn der Nucleus accumbens nun von Parasiten mit Dopamin getriggert wird, kommt es zu Gelüsten und Heißhunger.

Die Parasiten werden versuchen Dich dahingehend zu beeinflussen, dass Du nicht sofort beginnst, sie zu eliminieren, sondern die Entscheidung aufschiebst.

Unserer Erfahrung nach wird der Alltag dazwischen kommen und Du wirst wahrscheinlich niemals mit der Entfernung der Parasiten beginnen.

Mehr zu den Parasiten unter www.volkskrankheit-parasiten.org/parasiten

Wir sollten sie mit ihren eigenen Waffen schlagen. Fremdbestimmt war gestern – Selbstbestimmt in die Zukunft !

Wir müssen zusehen, dass wir in die Eigenverantwortung kommen, sowohl bei der Nahrungsaufnahme als auch im Denkprozess. Unser Milieu muss geändert werden, um diese

Schmarotzer loszuwerden.

Hier einige COBIMAX-Abfragen, die es in sich haben:

„Seit Adam und Eva ist der Wurm drin!"

„Künstlich programmierte Parasiten, die auf hypnotische Befehle von außen reagieren."

„Löschung aller Parasiten-Daten in Computer-Datenbanken."

„Ich bin die Quelle des Lebens für die Parasiten."

„Eliminierung des Ursprungs aller Parasiten."

„Alle Parasiten in meinem Körper: Wir sind schon immer enttarnt und vollständig entmachtet. Wir sind schon immer gestaltlos, gesichtslos und sind schon immer zurückgegangen in die Leere, wo wir einst herkamen."

Auch im emotionalen Bereich gilt es zu schauen: Womit füttern wir unseren Emotionalkörper? Ist das Hass oder Neid oder spielen wir die Drama-Queen?

Das wäre absolutes Futter für die mentalen Parasiten. Sie werden durch solche Emotionen nur stärker und wir werden krank.

Diese Parasiten in unserem Leben zeigen uns auf, in welcher Weise wir an unserem Lebensstil etwas ändern sollten.

Gibt es vielleicht ein Wurm-Schwarmbewusstsein mit einem „Wurm-König", einem „Wurm-Chef"? Wir starten einfach eine Cobimax-Abfrage und eliminieren so das Oberhaupt:

„Parasiten-Architekt"

Was ist COBIMAX?

Die „Communikations- Biologische Matrix", kurz „COBIMAX", wurde von Bernd Laudenbach im Jahr 1998 entwickelt.
Es handelt sich hierbei um ein Kommunikations- und Therapieverfahren, das es ermöglicht, eine große Vielfalt an körperlichen sowie emotionalen Erkrankungen anzugehen. Ohne Hypnose, ohne Meditation, ohne maschinelle Hilfsmittel. Hier ist ein Weg zur Selbsthilfe und Selbstheilung offen. Denn genau so will COBIMAX verstanden werden: das Wissen über die Krankheitsursache aus dem eigenen Kopf des Menschen, die heilende Kraft aus dem eigenen Körper, genau das ist der Schlüssel zum Erfolg dieser Therapie.
Seit 2005 wird COBIMAX auch in Lehrgängen weitergegeben, zur Eigenanwendung oder zur Anwendung in der therapeutischen Praxis.

COBIMAX® macht's möglich!
Bernd Laudenbach, COBIMAX-Initiator, und zwei andere COBIMAX-Ausgebildete steckten ihre Köpfe zusammen und fingen an, der Vision von einer anderen Dimension Gestalt zu geben. Heraus kam www.connectdoor.de, der Zugang zum Universum von Cen-Tooh, dem kleinen Zauberer mit der dicken Knollennase. Zu ihm kommen Besucher aus zahlreichen Universen, um Rat für die verschiedensten Probleme zu holen.
Bernd Laudenbach hat Cen-Tooh zum Leben erweckt und nun kann jeder Besucher direkt Cen-Tooh's „Zauberkräfte" in Anspruch nehmen. Hiermit hat nun auch jeder Mensch die Option, völlig eigenständig seine Anliegen zu bearbeiten.

Fassen wir zusammen:
COBIMAX (Communikations-Biologische Matrix) ist also ein Kommunikations- und Therapieverfahren, das es ermöglicht, bei Mensch, Tier und Pflanze eine große Bandbreite unterschiedlichster „Krankheiten" auf körperlicher und emotionaler Ebene anzugehen.

Es funktioniert ohne maschinelle Hilfsmittel oder computer-gestützte Programme und richtet sich an die individuellen körperlichen und emotionalen Ebenen.
Es erkennt jegliche Fehlfunktionen und aktiviert umgehend die Selbstheilungskräfte.

Es ist ein mentales Verfahren, das den Anwender/ Therapeuten befähigt, mit Hilfe seines Kleinhirnbewusstseins Zugang zum autonomen Nervensystem des Patienten zu bekommen. Dieses Kommunikationswerkzeug reduziert alle Sprachen der Welt auf ihre elementare Funktion: die Erzeugung von Bildern (Hologrammen) durch das Gehirn.

Nach Ansichten der Quantenphysik (Roger Penrose, Stuart Hameroff) reproduziert sich unser biologischer Körper in etwa 42-mal pro Sekunde. Diese Reproduktion ermöglicht dieser Methode den Zugriff zur Schnittstelle innere/äußere Realität, um Verbesserungsvorschläge in Form von Hologrammen über das Unterbewusstsein des Kleinhirns einzuspeisen.

Wie unterschiedliche Gehirnteile "Zeit" völlig verschieden wahrnehmen und entsprechend verarbeiten, wie ein in unserem Kleinhirn sitzendes Bewusstsein anscheinend Wunder wirkt und wie sich all das praktisch anfühlt, wird nicht nur erklärt, sondern der Mensch erfährt und erlebt es direkt.

Durch COBIMAX können u.a. destruktive Gedankenmuster und Emotionen identifiziert, lokalisiert und reguliert werden. Hieraus kann der Anwender direkte Zusammenhänge erkennen, die eine lückenlose Beweisführung zulassen, inwieweit ein destruktives Gefühl die Zellelektrizität, die Zellchemie und die Zellfunktion nachteilig verändert.
Entgegen herkömmlicher wissenschaftlicher Erkenntnis kann mittels COBIMAX das autonome Nervensystem willentlich gesteuert werden.
Das Hauptwerkzeug von COBIMAX sind kleinste Zellbestandteile (Mikrotubuli) im Körper, die die Fähigkeit

besitzen, in jeder Geschwindigkeit und Stärke zu schwingen. Gerade dieses Zellschwingen ermöglicht es, unterschiedliche Vorgänge in den Organen bis in die Zelle hinein zu kontrollieren. So wird dadurch beispielsweise ein Eliminieren von Mikroben erreicht sowie ein Wieder-Ordnen von emotional verursachten Zellfehlfunktionen ermöglicht.

Haargenau das gleiche Vorgehen (Wissen) praktizieren Naturvölker wie die Aborigines schon seit Jahrtausenden.

COBIMAX verbindet den Anwender mit dem grenzenlosen inneren Wissen, zu dem jeder Mensch Zugang erhält, sobald er mit dynamischer Intelligenz verbunden ist. Dieser bewusstseinserweiternde Zustand führt zu einer Zeitbeschleunigung, und daher kann der Einzelne sofort Einfluss auf Zell- und Organfunktionen nehmen.

Das bedeutet, dass jede Person, die eine körperliche und/oder geistige Veränderung herbeiführen möchte, dies durch COBIMAX erreichen kann. Vorausgesetzt, es handelt sich dabei - im biologischen Sinne - um eine Verbesserung.

COBIMAX fördert in höchstem Maße die physische und psychische Autonomie des Menschen.

Lernt die vielfältigen Einsatzmöglichkeiten Eures dynamischen Bewusstseins kennen!

Ursprungssprache

Bernd Laudenbach suchte seit seinem 9. Lebensjahr nach einer vereinheitlichenden Sprache, die alle Menschen sprechen. Gibt es eine Sprache, die vollkommen ohne Verbalik auskommt?

Jahre später lag er nachts schlafend in seinem Bett. Im Traum, der ihm äußerst real erschien, schwebte er an der Zimmerdecke und sah sich neben seiner Frau liegend. Sein erster Gedanke war, so sieht es aus, wenn man stirbt. Im nächsten Moment fühlte er sich wie von einem Gummiband durch einen beleuchteten Tunnel gezogen und fiel auf Wüstensand. Zwei Aborigines kamen auf ihn zu, blickten ihm tief in die Augen und zeichneten mit feinen Stöckchen Zeichen auf seine Beine. Blut tropfte in den Sand.

Kurz darauf wurde er wieder durch diesen Tunnel zurück in seinen Körper gezogen, was mit lauten Geräuschen verbunden war. Er wachte auf und blutete aus Ohren und Nase.

Dies geschah insgesamt drei Mal in fünf aufeinander folgenden Nächten.

Erst eineinhalb Jahre später begriff er, was diese Zeichen bedeuten: Es war die von ihm gesuchte Kommunikation, die alle Lebewesen verstehen.

Herausgefunden hatte er in seiner eigenen Forschungsarbeit, wie diese Kommunikation funktioniert, wie diese anzuwenden ist und baute daraus seine Kommunikations- und Therapieform COBIMAX auf.

COBIMAX-Bilder mit Wirkung

Die in den Bildern erkennbaren Zeichen entsprechen keiner bekannten Schrift oder Verbalsprache. Gleichwohl stehen diese Zeichen aber für die Übermittlung und Verarbeitung von Daten aus einer optionalen potenten Zukunft des Bildbetrachters. Dem Wachbewusstsein völlig unverständlich, richtet sich der Inhalt dieser Schriftzüge einzig und allein an das im Kleinhirn agierende Unterbewusstsein.

Dieses Unterbewusstsein sieht uns selbst, also den Bildbetrachter, als seine Vergangenheit an. Die Arbeitsfrequenz dieses Unterbewusstseins liegt im Bereich der Ultraviolettlicht-Frequenzen, die gleiche Frequenz, in der die Schriftzüge der dynamisch intelligenten Bilder agieren. Somit eröffnet sich mit diesen kommunikativen Bildern die Möglichkeit, unseren Körper wie gleichsam unsere Emotionen durch die Kontaktaufnahme zum eigenen Unterbewusstsein konstruktiv zu beeinflussen.

Einerseits können wir das Bild mit unseren Augen betrachten und den Inhalt des Bildes visuell aufnehmen. Andererseits besteht die Möglichkeit, das Bild mit den Händen zu „sehen": Durch bloßes kurzes Betasten des Bildes übermittelt sich der an das Unterbewusstsein des Betrachters gerichtete Bildinhalt.

Diese Bilder durchbrechen kontrollierende Barrieren und psychische Begrenzungen, die das Wachbewusstsein aus Gründen von Angst und Unwissenheit errichtet hat. Vor vielen Jahrtausenden, als die Menschheit noch nicht der schlimmsten Krankheit, des Intellekts, erlag, war es jedem Menschen möglich, sich mit sich selbst und mit jedem anderen Menschen in dieser mächtigen Sprache zu unterhalten.

Die cobimaximierte „Sprache" ist die Kommunikationsform des Nichtangepassten und Nichtzivilisierten in uns selbst. Dieses Sprachsystem trägt in sich eine unterbewusste Form der

Selbstkontrolle darüber, was als Information zum Empfänger weitergeleitet und verarbeitet wird. Eine vorsätzliche oder ungewollte Manipulation zum Schaden des Bildbetrachters ist unmöglich. Jede Bildnachricht wird mit dem geringsten Energieaufwand, aber dem größten Nutzen für den Bildbetrachter durch den Bildbetrachter selbst erarbeitet.

Die Bilder zeigen die Ursprungssprache von COBIMAX mit unterschiedlichen Themen und den mitunter schädigenden Einfluss auf unsere Gesundheit, die beim Betrachter körperliche Reaktionen auslösen können. Diese Reaktionen beinhalten aber auch gleichzeitige Korrekturmaßnahmen.

Bernd Laudenbach zeigt in diesem Buch einige Bilder-Themen in seiner Symbolsprache.
Das Betrachten geschieht auf eigene Verantwortung.

Es sei hier noch einmal darauf hingewiesen, dass auf der Erde diese Methode für den medizinischen Laien weder Arzt noch Heilpraktiker ersetzt, und dass sie niemals zum Absetzen von Medikamenten auffordert.

Seilwurm und ensprechende Entwicklungsstadien

Dieses Bild ist aktiviert.

Bitte Reaktionen abwarten und ausklingen lassen.

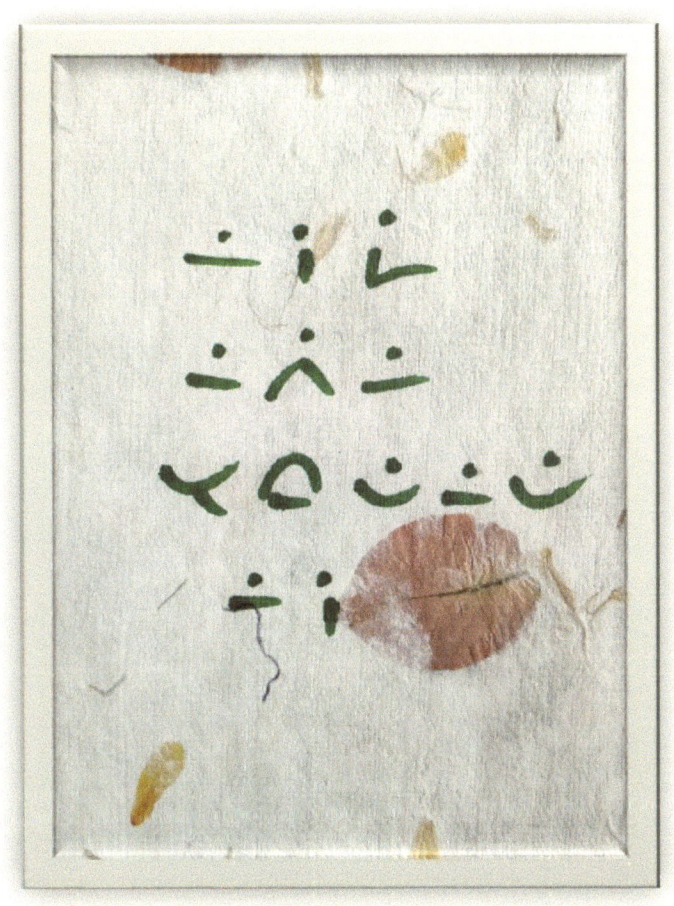

Mentale Parasiten

Dieses Bild ist aktiviert.

Bitte Reaktionen abwarten und ausklingen lassen.

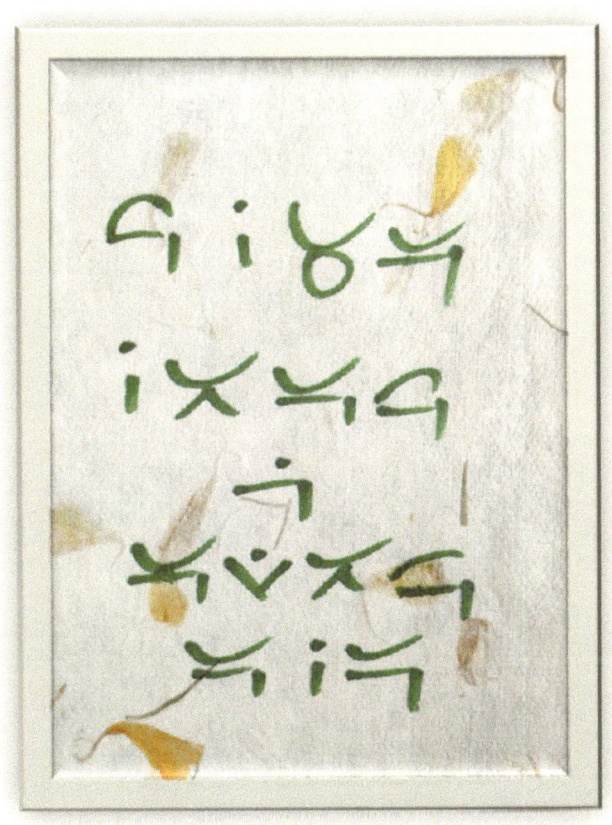

Toxoplasma gondii und pathologische Folgen

Dieses Bild ist aktiviert.

Bitte Reaktionen abwarten und ausklingen lassen.

„Zaubern" lernen?

Bernd Laudenbach prüfte und hinterfragte konsequent den menschlichen Körper und die Psyche und erarbeitete so die Communikations-Biologische Matrix, kurz COBIMAX®.

Du willst selbst „zaubern" lernen?
Dann kannst Du das auf der Erde erlernen.

So mancher Leser mag unsere ConnectDoor-Büchlein als eine Werbemaßnahme sehen. Es ist uns aber viel mehr ein Anliegen, den Menschen zu vermitteln, dass jeder selbst alle Voraussetzungen in seinem Kopf hat, die er benötigt, um direkt und effektiv mit seinem Unterbewusstsein zu kommunizieren und Verbesserungen in seinem Leben zu erzielen. Das funktioniert aber nur, wenn die Gehirnverbindungen, die dazu nötig sind, wieder hergestellt werden.

So wie nicht jeder Mensch Arzt wird und eine Praxis eröffnet, so wird auch nicht jeder Mensch den Wunsch haben, ein COBIMAX-Anwender zu werden. Zumindest ist es aber wichtig, zu wissen, wo er Hilfe finden kann.

Bereits ausgebildete COBIMAX-Berater und COBIMAX-Therapeuten stehen Dir auch gerne zur Seite.
Kontaktdaten auf Anfrage.

Was es bedeutet, ein COBIMAX-Anwender zu sein

„Wir COBIMAX-Anwender müssen verstehen, dass wir durch den „cobimaximierten" Anschluss an unser Kleinhirn direkten Zugang zu einer höheren Instanz, dem Kleinhirnbewusstsein, haben.

Jeder Gedanke, der eine Korrekturabsicht beinhaltet und damit eine Verbesserung des biologischen Organismus unseres Gegenübers bedeutet, wird sofort von dessen Kleinhirnbewusstsein aufgegriffen und dieses lässt unter seiner Kontrolle einen Korrekturvorgang über die Mikrotubuli durchführen.

Eine vorsätzliche oder unbeabsichtigte Schädigung eines anderen Organismus ist mit dem COBIMAX-System nicht möglich, da ein höheres Bewusstsein, das absolut neutral ist, nämlich das Kleinhirnbewusstsein, entscheidet, ob eine COBIMAX-Eingabe durchgeführt wird oder nicht. Somit kann dem COBIMAX-Anwender auch kein Fehler unterlaufen.

Die Frage der Ethik taucht auch immer wieder auf. Jeder COBIMAX-Anwender muss auf seine eigenen ethischen Grundsätze zurückgreifen. Bei einem Hilfesuchenden ist es klar, dass wir auf dessen Wunsch zielgerichtet intervenieren können."

Wie wird man ein COBIMAX-Anwender?

Lehrgang zur autorisierten Nutzung von COBIMAX® mit COBIMAX-Initiierung durch Bernd Laudenbach

COBIMAX ist ein Geschenk der Natur, das jedem Menschen in die Wiege gelegt wird.
So besitzt also jeder Mensch von Geburt an die Fähigkeit durch Gedanken den Körper zu heilen. Sehr früh schon im Leben macht der Mensch unterschiedlichste Erfahrungen.
Da Menschen so konditioniert werden, jegliche Erfahrung emotional zu bewerten, sind es im Laufe des Erwachsenwerdens genau diese im Gehirn gespeicherten emotionalen Beurteilungen, die von der Fähigkeit, sich selbst zu heilen, wieder abtrennen.

COBIMAX baut die Verbindung zum alle Menschen umfassenden Kollektiv-Bewusstsein wieder auf: Dieses höhere Bewusstsein, das bei jedem Menschen im Kleinhirn sitzt, ist der tatsächliche HEILER, der bei allen „Cobimaximierungen" in Aktion tritt.

Der COBIMAX-Lehrgang befähigt den Absolventen zum permanenten Zugriff auf dynamische Intelligenz.
Die erreichte Bewusstseinserweiterung ermöglicht die direkte Einflussnahme auf das autonome Nervensystem, die Organsteuerung und Zellsteuerung eines jeden Menschen.
Gedankenprozesse werden ebenso konstruktiv optimiert.
Dem Lehrgangsabgänger öffnen sich mittels COBIMAX Wege, die ein forciertes Weiterentwickeln der eigenen Persönlichkeit, der Gesundheit und der Autonomie erleichtern.
Selbstverständlich kann der COBIMAX-Anwender dies auch für andere Menschen erreichen.

Der erfolgreiche Abschluss beschert jedem Teilnehmer äußerste Effizienz, indem Gehirnareale willentlich nutzbar gemacht werden, zu dem der Mensch bisher keinen direkten

Zugang hatte. Er verbindet die Anwender mit grenzenlosem innerem Wissen und mit dem kollektiven menschlichen Bewusstsein.

**So wie die Krankheit in unserem Körper steckt,
ist auch die Lösung in ihm enthalten.**
Bernd Laudenbach

Die Autoren

Bernd Laudenbach
(Jahrgang 1959), ist ursprünglich ausgebildeter Masseur und besuchte später eine Ausbildung zum Heilpraktiker.
Bereits während seiner Berufsausübung als Masseur suchte er nach Möglichkeiten, pathologische körperliche Veränderungen nachhaltig zu optimieren. Obwohl dies unmöglich schien, haben Bernd Laudenbachs Neugierde und Beharrlichkeit ihn dazu bewogen, bisherige Erkenntnisse und Annahmen, die den menschlichen Organismus und die Psyche betreffen, gründlich zu prüfen und konsequent zu hinterfragen.
Aufgrund der Erforschung des eigenen Körpers und der eigenen Psyche sowie einer stetigen Selbsthinterfragung hat Bernd Laudenbach darauf aufbauend die Communikations-Biologische Matrix COBIMAX erarbeitet.
Als er Anfang der neunziger Jahre mit den Versuchen zur Aktivierung seiner Selbstheilungskräfte begann, dachte er weder daran, andere Menschen einmal behandeln zu können, noch dieses Wissen bzw. das Werkzeug anderen Interessierten zur Therapieanwendung zur Verfügung zu stellen.

Seit 1999 behandelt er Tausende Hilfesuchende mit Erfolg und seit 2005 bildet er zusätzlich COBIMAX-Therapeutinnen und -Therapeuten aus.

COBIMAX ist eine ursprüngliche Kommunikationsform der Natur, die zielgerichtet Selbstheilungskräfte aktiviert und diese zu präzis gesteuerten Veränderungen im Körper nutzt.

Inge Friedrich
(Jahrgang 1947) ursprünglich tätig in der medizinischen Forschung eines Pharma-Unternehmens, lernte Bernd Laudenbach und seine Kommunikations- und Therapie- methode Communikations-Biologische Matrix COBIMAX im Jahr 2003 kennen. Durch die verblüffenden Ergebnisse von COBIMAX, auch bei Austherapierten, wurde ihr Forschergeist geweckt und sie veranstaltete Vorträge und Ausstellungen mit Bernd Laudenbach. Anfang 2005 erhielt sie die Möglichkeit, eine Ausbildung bei Bernd Laudenbach zu absolvieren, um dann selbstständig als COBIMAX-Beraterin zu arbeiten.
Neben der COBIMAX-Beratung hält sie Vorträge und Workshops und begleitete viele Jahre Bernd Laudenbach bei seinen Lehrgängen zur autorisierten Nutzung von COBIMAX.

Weitere Taschenbücher mit cobimaximierten Bildern :

ConnectDoor - Zugang zu einer anderen Dimension
Die Macht der Gefühle
ISBN 978-3-7357-8011-9

ConnectDoor - Zugang zur nächsten Dimension
Rund um Bakterien, Viren & Co.
ISBN 978-3-7347-3244-7

ConnectDoor - Zugang zu einer weiteren Dimension
Stress minimieren-Erfolg maximieren
ISBN 978-3-7347-7381-5

ConnectDoor - Zugang zu außergewöhnlichen Dimensionen :
Von geschmeidig über echt schräg zu voll krass
ISBN 978-3-7386-1740-5

ConnectDoor - Zugang zu meinem Humanarchitekten
Die große Liebe meines Lebens
ISBN 978-3-7412-0540-8

ConnectDoor - Zugang zum Geschenk der Natur
Einsatz bei Tier und Pflanze
ISBN 978-3-7520-3496-3

ConnectDoor - Zugang zum Geheimnis der Zahlen
Einfluss der Zahlen auf Denken, Fühlen und Handeln
ISBN 978-3-7448-2223-7

ConnectDoor - Zugang zu einer verzwickten Dimension
Liebe und Partnerschaft
ISBN 978-3-7481-8853-7

ConnectDoor - Zugang zu einer vergessenen Dimension
Essen hält Leib und Seele zusammen
ISBN 978-3-7494-5171-5

ConnectDoor - Zugang zu einer höheren Dimension
Wer ist ICH?
ISBN 978-3-7494-5393-1

ConnectDoor - Zugang zu einer magischen Dimension
Zaubersprüche für Jung und Alt
ISBN 978-3-7504-1039-8

ConnectDoor - Zugang zu unmöglichen Dimensionen
Telepathie – ungewollt!
ISBN 978-3-75197894-1

ConnectDoor – Zugang zur Fünften Dimension
Die Erde im Bann der Mondmatrix
ISBN 978-3-75193215-8

Kontaktdaten:

Cen-Tooh, der Therapeut : www.connectdoor.de

COBIMAX, Bernd Laudenbach: www.cobimax.com
Frankurter Str. 43, 36391 Sinntal-Altengronau
Tel. 06665 918688
E-Mail: bernd.laudenbach@cobimax.com

COBIMAX, Inge Friedrich: www.inge-friedrich.de
Hähnleiner Str. 4, 64673 Zwingenberg
Tel. 0049 172 763 7112
E-Mail: inge.friedrich@cobimax.com

Bilder:
Cen-Tooh: ©HitToon.com-Fotolia.com

Cover: Silvana Grira